Género Ficción

I0800827

Pregunta esencial
¿Qué nos gusta de la naturaleza?

Un paseo por las islas

Rosa Oriolo
ilustrado por Patricia Acosta

Capítulo 1

La isla de los pájaros

Es un día espléndido de sol.

Nati y sus papás pasean en lancha por las islas.

Nati mira a los pájaros que vuelan.

Las plumas de los pájaros resaltan con el verdor de los árboles.

—Miren cómo mueven sus alas esas aves —dice Nati—. Parece que nos saludan desde lejos.

—Es verdad. Son papagayos —dice la mamá.

—¿Puedo arrojarles migas de pan? —pregunta Nati.

—Ten cuidado —dice la mamá.

A Nati le gusta ver a los papagayos picotear las migas.

Los papagayos parecen un arcoíris con tonos de rojo, amarillo y azul.

Nati ve dos pájaros negros y amarillos en una rama. Tienen picos muy largos de colores.

—¿Cómo se llaman esos pájaros? —pregunta Nati.

—Son tucanes —dice el papá.

—Por favor, mamá, ¿me darías la cámara de fotos? —dice Nati.

Nati se divierte tomando fotos.

AHORA COMPRUEBA

¿Qué clase de pájaros ve Nati desde la lancha?

Capítulo 2

La paleta de colores

La lancha se acerca a otra isla.

A Nati le gusta el color de la vegetación y el cielo.

La tierra es roja. El cielo es azul.

Detective del lenguaje	El punto en la oración subrayada, ¿es un punto y seguido o un punto y aparte?

—El color del agua parece tu paleta de colores —dice la mamá.

—Sí, verde con reflejos azules —responde Nati—. Como las manchas que siempre hago en casa con el pincel.

Nati disfruta del paseo y el paisaje.

A ella le gusta pintar los paisajes que ve.

Nati cierra los ojos e imagina el paisaje para pintarlo luego.

Cuando abre los ojos, el sol ilumina la montaña de una isla vecina.

El paisaje es más bello que el que imaginó.

—Qué pena que no traje mis pinturas —dice Nati.

—Es difícil imitar estos colores —dice la mamá.

—Sí, pero me gustaría intentarlo —responde Nati.

AHORA COMPRUEBA

¿Qué le gusta hacer a Nati?

Capítulo 3

El cuadro de Nati

—¿Podemos bajar a conocer una de las islas? —pregunta Nati.

—¿Cuál de ellas? —responde el papá.

—¿Y si visitamos las dos islas? —pregunta Nati.

Los papás aceptan sonriendo.

Primero, van a la isla con la montaña. Desde allí disfrutan la vista de los bosques de la otra isla.

Luego, van a la isla con los bosques. Desde allí admiran la montaña de la otra isla.

—¡Miren las flores silvestres!
—dice Nati.

—A mí me gustan las amarillas
—dice la mamá.

Nati recoge un ramo de pequeñas flores con diferentes tonos.

—Son para ti, mamá —dice Nati.

—Cuando lleguemos a casa, voy a pintar este paisaje —dice Nati—. Y también una casita con tejados rojos. Afuera de la casita, pintaré un jardín con cercas blancas.

—Y con muchos pájaros —dice el papá.

—¡Buena idea! —dice Nati riendo.

De regreso a casa, Nati piensa en todo lo que vio.

La isla de los pájaros era muy divertida.

La isla con la montaña era muy bella.

El paseo la <u>hizo</u> muy feliz.

Detective del lenguaje

El verbo subrayado, ¿está conjugado en tiempo presente o en pretérito?

—¿Te gustó el paseo? —pregunta el papá.

—Sí, mucho —dice Nati—. Cuando sea grande seré pintora y protegeré la naturaleza.

Los papás ríen alegres y festejan la idea de Nati.

AHORA COMPRUEBA

¿En qué piensa Nati de regreso a su casa?

Respuesta a la lectura

Volver a contar

Usa detalles del cuento para resumir *Un paseo por las islas*.

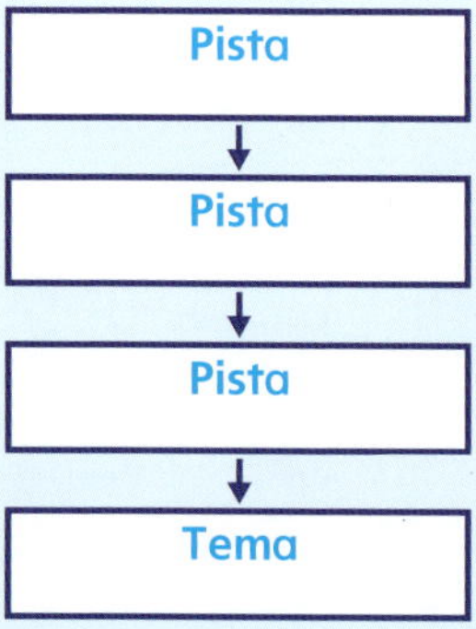

Evidencia en el texto

1. ¿Cómo sabes que *Un paseo por las islas* es ficción? **Género**
2. ¿Cómo se siente Nati durante el paseo? **Tema**
3. ¿Con qué símil describe Nati a los papagayos en la página 4? **Lenguaje figurado**
4. Escribe sobre el mensaje de la autora. **Escribir sobre la lectura**

Género **Poesía**

Compara los textos

Lee una poesía acerca de una plantita que creció.

Mutación

Javier Villegas Fernández

La lluvia cayó del cielo
a una semilla mojó,
de la semilla mojada,
una plantita creció.

La planta dio muchas ramas,
cada rama una flor
y del néctar de las flores,
una abejita bebió.

La abeja llevó el néctar,
en miel la convirtió,
de ese líquido tan dulce,
de él, he bebido yo.

Haz conexiones

¿Qué le gusta a Nati acerca de su paseo por la naturaleza? **Pregunta esencial**

¿En qué se parecen el poema *Mutación* y el cuento *Un paseo por las islas*? **El texto y otros textos**

Enfoque:
Elementos literarios

Repetición Repetición significa repetir un sonido, una palabra o una frase. La repetición puede hacer que un poema suene más interesante.

Lee y descubre En *Mutación* se repiten algunos sonidos. En la página 17, se repite la palabra *semilla*. En la página 18, se repite la palabra *rama* en el primero y el segundo verso.

Tu turno

Escribe tu propio poema corto sobre la naturaleza. Usa repeticiones al menos dos veces. Puedes repetir un sonido, una palabra o una frase.